55 KUNST-STÜCKE

CARIN REITERER   CARIN REITERER VERLAG

Bibliografische Information Der Deutschen Bibliothek

Die Deutsche Bibliothek verzeichnet diese Publikation in der Deutschen Nationalbibliografie; detaillierte bibliografische Daten sind im Internet über http://dnb.ddb.de abrufbar.

Originalausgabe
Copyright ©2010 by Carin Reiterer
Umschlaggestaltung: Carin Reiterer
Satz: Carin Reiterer
Printed in Germany
ISBN 978-3-9811541-7-7
Herstellung: Books on Demand GmbH, Norderstedt

Elementar wichtig

Du allein
gießt Wasser
auf meine Mühlen
gibst mir Luft
zum Atmen
spielst mit
meinem Feuer
pflanzt mich
in Deine Erde

Ich fühle mich
bewässert und
auch luftig
angefeuert und
doch geerdet
durch Dich
-Du bist
so elementar wichtig
für mich!

Traumtänzer

Komm
und
sei
mein
Traumtänzer
tanze
nur
für
mich

Komm
und
sei
ein
Traumtänzer
tanze
für
Dich
und
für
mich

Glücksritter

Komm
zu
mir
und
sei
mein
Glücksritter
zeige
mir
den
Weg
ins
Glück

Gefährlich

Du
kommst
zu
mir
und
ich
bin
mir
der
Gefahr
bewußt
in
der
ich
schwebe

Das Beste

Du
bist
das
Beste
was
mir
passieren
könnte

Nie endender Kuß

Wenn
wir
uns
nur
einmal
in
unserem
Leben
küssen
dürfen
werde
ich
hoffen
daß
unser
Kuß
niemals
enden
wird

Im Sturm

Du
eroberst
mein
Herz
im
Sturm

Schlüssel zum Glück

Du
bist
mein
Schlüssel
zum
Glück
es
gibt
ein
Vor
aber
kein
Zurück

Schlüsselfertig

Du
besitzt
den
Schlüssel
zu
meinem
Herzen
schlüsselfertig
stehe
ich
vor
Dir

Du
bist
wie
ein
Schauspieler
in
einem
Theaterstück
doch
ich
schaue
hinter
Deine
Kulissen

Zwischen den Zeilen

Verschwiegen
und
verschlossen
und
nicht
immer
offen
doch
willst
Du
bei
mir
verweilen
dann
lies
ganz
einfach
zwischen
den
Zeilen

Geheimnisvoll

Komm
und
teile
jedes
Geheimnis
mit
mir

Engelszungen

Ich
rede
mit
Engelszungen
auf
Dich
ein
laß
Liebe
doch
einfach
Liebe
sein

Atemlos

Wir
sehen
uns
an
und
die
Welt
hält
den
Atem
an

Still

Die
Erde
steht
still
wenn
wir
uns
in
die
Augen
sehen
wie
soll
das
mit
uns
nur
weitergehen

Geschehen

Wir
haben
uns
einfach
in
die
Augen
gesehen
und
schon
war
es
um
uns
geschehen

Kein Zurück

Ich
habe
Dir
einfach
in
die
Augen
gesehen
und
es
gab
kein
Zurück

Bei und mit Dir

Sie
ist
jetzt
und
hier
die
Zeit
bei
und
mit
Dir

Entschieden

Mein
Herz
hat
sich
für
Dich
entschieden
ich
werde
Dich
für
immer
lieben

Herzensangelegenheiten

Ich
bin
endlich
für
Dich
bereit
von
nun
an
bist
Du
meine
Herzensangelegenheit

Du
bist
endlich
für
mich
bereit
von
nun
an
bin
ich
Deine
Herzensangelegenheit

Du
sprichst
mir
aus
meiner
Seele
und
aus
meinem
Herzen

Dein Herz und Deine Seele

Dein
Herz
und
Deine
Seele
gehören
längst
schon
zu
mir

Mein
Herz
und
meine
Seele
gehören
längst
schon
zu
Dir

Silberstreif

Du
bist
der
Silberstreif
an
meinem
Horizont

Wolkenloser Himmel

Suche
Dich
und
mich
unter
unserem
wolkenlosen
Himmel

Sternenzauber

Funken
fliegen
zwischen
Dir
und
mir
hin
und
her

Sternenzauber

Sternschnuppenhimmel

Alle
unsere
Wünsche
werden
wahr
unter
diesem

Sternschnuppenhimmel

Das
Leben
mit
Dir
spielt
sich
zwischen
Himmel
und
Erde
ab

Dem Himmel so nah (mitten im Leben)

Ich
werde
nie
vergessen
was
einmal
war
mitten
im
Leben
doch
dem
Himmel
so
nah
mit
Dir

Ich
stürzte
mich
in
die
Beziehung
mit
Dir
ohne
Netz
und
doppelten
Boden
und
landete
auf
dem
Boden
der
Tatsachen

Harte Probe

Du
stellst
meine
Gefühle
für
Dich
immer
wieder
auf
eine
harte
Probe

Achterbahn der Gefühle

Komm
und
begleite
mich
ein
Stück
auf
meiner
Achterbahn
der
Gefühle
für
Dich

Berg- und Talfahrt

Mein
Leben
mit
Dir
gleicht
einer
Berg-
und
Talfahrt

Widersprüchlich

Du
verhältst
Dich
widersprüchlich
mir
gegenüber
denn
Deine
Worte
und
Taten
stimmen
nicht
überein

Ich
schwanke
zwischen
meinen
Gefühlen
und
sitze
zwischen
allen
Stühlen

Unser
Glück
läuft

uns

davon

und

unser
Pech
holt

uns

ein

Das
habe
ich
nun
davon
ich
bin
allein
und
Du
bist
auf
und
davon
ohne
mich

Steine

Du
legst
mir
Steine
in
den
Weg
wo
Du
nur
kannst
und
so
viel
Du
nur
kannst

Bunter Luftballon

Wo
ist
mein
bunter
Luftballon
geblieben
der
Wind
der
Enttäuschung
hat
ihn
vertrieben

Verspielt

Ich
habe
Dich
geliebt
doch
Du
hast
unser
Glück
verspielt

Alle
Saiten
in
mir
sind
verstimmt
und
unsere
gemeinsame
Zeit
verrinnt

Alle
Saiten
in
mir
sind
verstummt
und
Du
bist
der
Grund

Kein Platz (mehr)

Du
hast
für
mich
keinen
Platz
(mehr)
in
Deinem
Herzen

Verloren in Dir

Das
Spiel
ist
aus
nun
fühle
ich
mich
verloren
in
Dir

Das
Spiel
ist
aus
nun
habe
ich
mich
verloren
in
Dir

Alles und mehr

Ich
habe
alles
und
mehr
versucht
bis
zuletzt
die
Liebe
in
Dir
gesucht

Ich
will
mir
Deine
Liebe
nicht
erbetteln
und
nicht
ertrotzen

Ruhe und Frieden

Meine
Gedanken
lassen
mich
nicht
in
Ruhe
und
nicht
in
Frieden
wie
kann
ich
nur
aufhören
Dich
zu
lieben

Eines
schönen
Tages
finde
ich
in
mir
meinen
Frieden

Eines
schönen
Tages
werde
ich
Dich
nicht
mehr
lieben

Sonne und Regen

Unsere
Sonne
wärmt
uns
leider
nicht
mehr

Nun
stehen
wir
im
Regen
und
frieren

Gewitterwolken

Du
bist
gegangen
und
hast
nur
Gewitterwolken
zurückgelassen

Eisberg

Du
bist
wie
ein
Eisberg
und
strahlst
Kälte
ab

Kalte Nächte

Wenn
die
Nächte
kälter
werden
möchte
ich
Dich
wiederfinden
und
in
Deinen
Armen
überwintern

Ewige Suche

Ich
werde
Dich

immer

suchen

in

jedem
Menschen

dem

ich

begegne

werde

ich
Dich

immer

suchen

Spiegel

Ich
stehe
vor
dem
Spiegel
und
suche
Dich
doch
nur
ich
selbst
schaue
mich
an

Außenseiter

Warum
bin
ich
nie
dabei
ich
hätte
mich
gefreut
einfach
so

Außenseiter

I

Nachtgedanken einer Grenzgängerin

Zwei Seiten einer Seele.
Zwei Seiten, nicht immer im Einklang.

Eine helle, für andere bestimmte, öffentliche.
Eine dunkle, für mich bestimmte, die nur ich kenne.

Das Leben ist schön.
Ich freue mich auf den nächsten Morgen.

Das Leben ist unerträglich.
Hoffentlich erlebe ich den nächsten Morgen nicht mehr.

Es ist schön, dieses Leben zu leben.
Es ist lebenswert.

Dieses Leben ist nicht lebbar für mich.
Es ist nicht lebenswert.

Das Leben ist hell.
Morgens weckt mich der Sonnenschein.

Das Leben ist dunkel.
Es ist kein Licht am Ende des Tunnels zu sehen.

Erinnerungen an bessere Zeiten.
Hoffnung auf bessere Zeiten.

Erinnerungen, die nicht vergehen.
Erinnerungen, die mich verfolgen und nicht in Ruhe lassen wolle

Freude, die mich durchströmt.
Freude, die mich wärmt.

Gewalt, die einfach so auf mich einprasselt.
Gewalt, ohne Filter, ohne Blitzableiter.

Worte, die Freude bereiten.
Worte, die von Herzen kommen und zu Herzen gehen.

Worte, die mir die Seele zerschneiden.
Aggressionen, Wut und Haß.

Worte, die die Seele streicheln.
Worte, zauberhaft und schön.

Seelenleben.
Seelentod.

Bruchstücke, wie aus der Ferne.
Harmonie.

Wortfetzen, immer wieder diese Wortfetzen.
Immer wieder Haß.

Anerkennung von Leistung.
Freude an Erfolg.

Neid und Eifersucht.
Ich habe doch nichts, worum man mich beneiden müßte.

Schöne Erlebnisse, die man nie vergißt.
Gute Erfahrungen, Hilfe.

Unrecht, das nicht geahndet wird.
Hilflose Wut.

Ich fühle mich ausgefüllt.
Das Leben ist so vielfältig.

Ich fühle eine chronische Leere in mir.
Nichts kann sie füllen.

Das Leben ist bunt.
Langeweile gibt es für mich nicht.

Das Leben ist grau.
Langeweile macht sich breit.

Ich werde aufbauen, sehen, wie sich alles entwickelt.
Ich werde Freude schenken.

Ich werde alles zerstören, was sich mir in den Weg stellt.
Ich werde den letzten Nerv rauben.

Das Leben wird wieder leichter.
Ich werde es noch eine Weile leben.

Das Leben ist grauenhaft.
Ich kann es nicht länger leben.

Die Dunkelheit wird vergehen.
Vielleicht, vielleicht erlebe ich irgendwann einen neuen Morgen.

Der nächste Morgen wird so grau sein wie alle anderen.
Ich habe Angst.

Der Morgen naht.
Ich will ins Licht eintreten.

Der Morgen naht.
Ich vertreibe die Dunkelheit in mir.

Ich lasse meine Gedanken Revue passieren
- die Nachtgedanken einer Grenzgängerin.

Ich bin
eine Grenzgängerin
zwischen FREUD' und LEID
zwischen GUNST und NEID
zwischen FEUER und EIS
zwischen KALT und HEISS
zwischen RAUCH und RUSS
zwischen MUSE und KUSS
zwischen GLUT und ASCHE
zwischen GARN und MASCHE
zwischen ANTWORTEN und FRAGEN
zwischen STRICH und FADEN
zwischen ARM und REICH
zwischen HART und WEICH

zwischen JA und NEIN

zwischen VIELLEICHT und JEIN

zwischen EINSATZ und PREIS

zwischen SCHWARZ und WEISS

zwischen ECKIG und RUND

zwischen GRAU und BUNT

zwischen HERZ und VERSTAND

zwischen KOPF und WAND

zwischen SEELE und HEIL

zwischen AMOR und PFEIL

zwischen ANGST und MUT

zwischen SANFTHEIT und WUT

zwischen TELLER und RAND

zwischen LÄSSIG und ELEGANT

zwischen SCHNAPS und ZAHL

zwischen GRELL und FAHL

zwischen WASSER und WEIN

zwischen GEMEINSAM und ALLEIN

zwischen AUFNEHMEN und VERBANNEN

zwischen GETRENNT und ZUSAMMEN

zwischen TAG und NACHT

zwischen SCHICKSAL und MACHT

zwischen LEERE und FÜLLE

zwischen INHALT und HÜLLE

zwischen LANGSAM und SCHNELL

zwischen DUNKEL und HELL

zwischen LIEBE und HASS

zwischen PULVER und FASS

zwischen LACHEN und WEINEN

zwischen GROBEM und FEINEM

zwischen GROSS und KLEIN

zwischen DEIN und MEIN

zwischen HEUTE und HIER

zwischen DIR und MIR

zwischen GESTERN und MORGEN

zwischen GLEICHMUT und SORGEN

zwischen JETZT und GLEICH

zwischen SCHWER und LEICHT

zwischen GLÜCK und PECH

zwischen GUT und SCHLECHT

zwischen VERLUST und GEWINN

zwischen HER und HIN

zwischen LEISE und LAUT

zwischen FREMD und VERTRAUT

zwischen DUMM und KLUG

zwischen WENIG und GENUG

zwischen BANGEN und HOFFEN

zwischen VERSCHLOSSEN und OFFEN

zwischen ALTER und JUGEND

zwischen LASTER und TUGEND

zwischen TISCH und BETT

zwischen DREIST und NETT

zwischen ANGEL und TÜR

zwischen PFLICHT und KÜR

zwischen SCHALE und KERN

zwischen NAH und FERN

zwischen APFEL und STAMM

zwischen BAHN und DAMM

zwischen SCHATTEN und LICHT

zwischen ERGREIFEND und SCHLICHT

zwischen SONNE und REGEN

zwischen FLUCH und SEGEN

zwischen STARK und SCHWACH

zwischen SCHLAFTRUNKEN und WACH

zwischen MATERIE und GEIST

zwischen BEWOHNT und VERWAIST

zwischen LAND und STADT

zwischen HUNGRIG und SATT

zwischen WALD und FLUR

zwischen MOLL und DUR

zwischen FELD und HAIN

zwischen STOCK und STEIN

zwischen DEICH und WATT

zwischen STIFT und BLATT

zwischen TEICH und BACH

zwischen ACH und KRACH

zwischen SAND und MEER

zwischen KREUZ und QUER

zwischen WELLE und STRAND

zwischen FAUST und PFAND

zwischen SEE und FLUSS

zwischen HAND und FUSS

zwischen EBBE und FLUT

zwischen FLEISCH und BLUT

zwischen TAL und BERG

zwischen RIESE und ZWERG

zwischen ERNTE und SAAT

zwischen WORT und TAT

zwischen DONNER und BLITZ

zwischen ERNST und WITZ

zwischen WIND und WETTER

zwischen NOT und RETTER

zwischen OST und WEST

zwischen BAU und NEST

zwischen SÜD und NORD

zwischen BACKBORD und STEUERBORD

zwischen TAU und SCHNEE

zwischen LUV und LEE

zwischen BÜRGERTUM und ADEL

zwischen LOB und TADEL

zwischen LIST und TÜCKE

zwischen GESETZ und LÜCKE

zwischen STILLE und GETÖSE

zwischen HAKEN und ÖSE

zwischen GESCHICHTE und MORAL

zwischen KOHLE und STAHL

zwischen LÖFFEL und STIEL

zwischen FEDER und KIEL

zwischen SIEGEL und BRIEF

zwischen HOCH und TIEF

zwischen HAUT und HAAR

zwischen GANZ und GAR

zwischen KREIS und QUADER

zwischen WENN und ABER

zwischen FAULHEIT und FLEISS

zwischen PLATZ und VERWEIS

zwischen TRÜB und KLAR

zwischen ERFUNDEN und WAHR

zwischen SEHNSUCHT und ERFÜLLUNG

zwischen LÜGE und ENTHÜLLUNG

zwischen WUNSCH und VERZICHT

zwischen ALLEM und NICHTS

zwischen GLÄTTEN und FALTEN

zwischen VERSPRECHEN und HALTEN

zwischen BRAV und VERWEGEN

zwischen KNAPP und DANEBEN

zwischen SUCHE und SINN

zwischen DICK und DÜNN

zwischen REMIS und PATT

zwischen SCHACH und MATT

zwischen BIEGEN und BRECHEN

zwischen VERZEIHEN und RÄCHEN

zwischen WINKEL und BLICK

zwischen VORWÄRTS und ZURÜCK

zwischen REDEN und SCHWEIGEN

zwischen GEHEN und BLEIBEN

zwischen GENIE und WAHN

zwischen WILD und ZAHM

zwischen ZEIT und RAUM

zwischen WIRKLICHKEIT und TRAUM

zwischen ZIEL und START

zwischen GEWÖHNLICH und APART

zwischen BEGINN und SCHLUSS

zwischen FROHSINN und VERDRUSS

zwischen ANFANG und ENDE
zwischen BEGINN und WENDE
zwischen GE- und VERBOT
ich bin
eine Grenzgängerin
zwischen LEBEN und TOD

I NACHTGEDANKEN EINER GRENZGÄNGERIN

1   Elementar wichtig

2   Traumtänzer

3   Glücksritter

4   Gefährlich

5   Das Beste

6   Nie endender Kuß

7   Im Sturm

8   Schlüssel zum Glück

9   Schlüsselfertig

10   Hinter den Kulissen

11   Zwischen den Zeilen

12   Geheimnisvoll

13   Engelszungen

14   Atemlos

15   Still

16   Geschehen

17   Kein Zurück

18   Bei und mit Dir

19   Entschieden

20   Herzensangelegenheiten

21   Herzenssprache und Seelensprache

22   Dein Herz und Deine Seele

23   Mein Herz und meine Seele

24   Silberstreif

25   Wolkenloser Himmel

26   Sternenzauber

27   Sternschnuppenhimmel

28   Zwischen Himmel und Erde

29   Dem Himmel so nah (mitten im Leben)

30   Ohne Netz und doppelten Boden

31   Harte Probe

32   Achterbahn der Gefühle

33   Berg- und Talfahrt

34   Widersprüchlich

35   Zwischen allen Stühlen

36   Unser Glück und unser Pech

37   Auf und davon

38   Steine

39   Bunter Luftballon

40   Verspielt

41   Alle Saiten in mir

42   Kein Platz (mehr)

43   Verloren in Dir

44   Alles und mehr

45   Erbetteln und ertrotzen

46   Ruhe und Frieden

47   Eines schönen Tages

48   Sonne und Regen

49   Gewitterwolken

50   Eisberg

51   Kalte Nächte

52   Ewige Suche

53   Spiegel

54   Außenseiter